사랑한다면 · 거리를 두는 게 좋아

모든 고양이들은 자기에게 관심이 집중되는 것을 좋아한다.

피터 그레이

Life Lessons I Learned from my Cat
First published in Great Britain in 2018 by Michael O'Mara Books Limited, 16 Lion Yard, Tremadoc Road, London SW4 7NQ

사랑한다면 • 거리를 두는 게 좋아

홀로 자유롭게 살아가는
고양이의 행복 수업

제이미 셸먼 지음 · 박진희 옮김

리드리드출판

사랑한다면
거리를 두는 게 좋아

펴낸날 2021년 2월 25일 개정판 1판 1쇄

지은이 제이미 셸먼
옮긴이 박진희
펴낸이 강유균
편집위원 이라야 남은영
기획 · 홍보 김아름
교정·교열 이교숙 양다은
경영지원 이안순
디자인 바이텍스트
마케팅 신용천

펴낸곳 리드리드출판(주)
출판등록 1978년 5월 15일(제 13-19호)
주소 경기도 고양시 일산서구 고양대로632번길 60, 207호(일산동, 대우이안)
전화 (02)719-1424
팩스 (02)719-1404
이메일 gangibook@naver.com
홈페이지 www.readlead.kr
포스트 https://post.naver.com/gangibook

ISBN 978-89-7277-347-4 (03320)

아침마다 창문에서 나를 기다리는

고양이 브룩시Brooksy에게 바친다.

나는 예전부터 많은 고양이들과 살아왔다.
사랑하는 고양이들을 지켜보며 그들의 행동과 표현에서
인생의 교훈을 배울 수 있다는 것을 알게 되었다.
이를테면 세상을 살아가는 법, 사랑하는 법,
원하는 것을 얻는 법, 혼자만의 평화로운 시간을 갖는 법 등이다.
그리고 음식, 잠, 작은 우정 등등 어떠한 것이 인생에서
제일 중요한 것인지를 아는 법까지……
숨 가쁘게 돌아가는 이 어지러운 세상에서,
나는 편안함과 고요, 즐거움과 슬기로운 인생의 지침을 위해
예전보다도 더 많이 이웃의 고양이들에게 의지하고 있음을 발견했다.
특히 현명한 고양이 브룩시에게.
그 고양이들은 영특한 동시에 바보같이 유치했으며,
애정에 굶주려 있는 동시에 거리를 유지했으며
평범함과 특별함을 가지고 있었다.

새롭고 신기했던 것은

그들이 아무것도 하지 않는 것에 지극히 뛰어나다는 사실이다.

여러분도 이 책을 통해 내가 고양이에게서 배운

인생의 교훈들을 발견하길 바란다.

그로 인해 우리 모두가 고양이처럼

우아하고 품위 있는 자세로 행복에 젖기를 바란다!

제이미 셸먼

자, 몸을 최대한 쭉 펴보는 거야.

나른함이 달아나도록!
당장 손을 그대로 올려도 좋아.

하루에 몇 번씩
쭈~욱!

잊지 마.

하루에도 몇 번씩
쭈~욱!

네게 충분한 휴식이 필요하다는 거 알지?
오늘은 유난히 신경 쓸 일 많았잖아.

이젠 쉴 때야.
널 위해서.

낮잠을 부끄러워할 필요는 없어.
그건 게으른 게 아니라 여유니까.

너에겐 따뜻함이 필요해.

누군가 몹시 그리운 날이잖아.

그리움은 감춰지지 않을 뿐 아니라 포장되지도 않아.

그냥 그리워해.

계산하지 마.

그리움은 계산하는 게 아니야.

세상의 모든 소리를 다 들을 필요는 없어.
떠도는 소리에 귀를 닫아도 돼.

너만의 조용한 시간을 즐겨봐.
조금 특별하게.

멋지다고? 당연한 말씀!

난, 늘 단정하지?
뭐든 준비하고 있으면
삶이 훨씬 쉬워지는 법이거든.

기쁨을 만끽해야지 뭘 망설여?

이런 행운은 시시때때로 오는 게 아니야.
난 지금 당장 물고기를 먹을 거라고!

혹시 모르잖아?

오늘이 내 생애 최고의 날인지.

너의 오늘도 그래.
절대 그냥 흘려보내지 마.

햇빛에 흠뻑 젖어봐.

충전하듯이.
저 찬란한 태양이 널 위해 떴다는 사실.
설마, 모르는 건 아니지?

"아무거나."

"네 맘대로."

"난 상관없어."

이 대답만은 하지 말아줘.

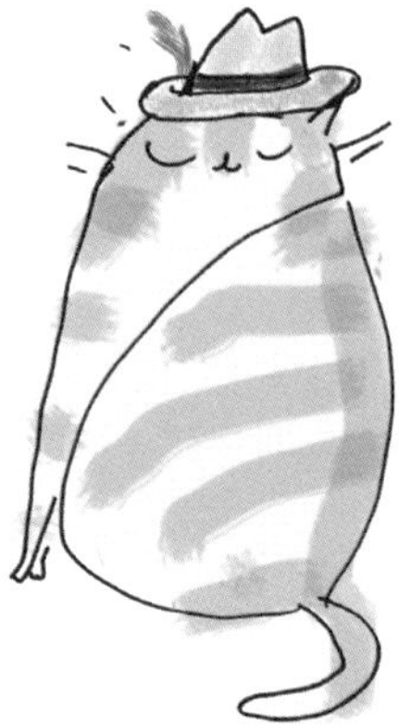

네가 원하는 것을 먹어.
너에겐 그럴 권리가 있어.

명심해.
이건 아주 중요하니까.

그래, 가끔 말끔히 씻어내고 싶을 때가 있어.
몸도 마음도 다.

그때는 과감하게 씻어버리는 거야.
네가 씻고 싶을 때.

단호하게.
괜찮지?

내 갈기를 보고 싶다는 거야? 지금?

참아줘.

네가 원한다고 내가 거기에 응해야 해?

아름다운 내 갈기는 중대한 일에 빛나게 쓰일 거라고.

완벽하게 다듬어진 발톱 또한 마찬가지야.

날카롭기 때문에 영리하게 굴 필요가 있어.

늦잠을 자지 말라는 건 아니야.

충분히 자야지. 아무렴.

그렇지만 난 네가 출근하기 전

여유롭게 콧노래를 불렀으면 좋겠어.

그 소리는 정말 듣기 좋거든.

굿모닝,

오늘도 즐거운 하루.

어떤 날은 침대에 조금 오래 있어도 좋아.
그 포근함을 아주 잊지는 마.

깨우지 않을게.
나랑 같이.

난 지금 꿈을 꾸고 있어.
생각만으로도 황홀한.

누가 알겠어.

내 상상이 이루어질지.

너도 해봐.

무한한 가능성을 열어두고.

으음.

아무 말을 하지 않아도

내 소리를 듣고 있는 사람이 있어.

우주를 통해 네 마음을 보내봐.

제발,
시간이 해결해준다는 말 따윈 하지 마.

네 대신 나설 사람도 없어.
네 목소리가 필요해.
그것도 아주 큰 소리.
그것만이 현재를 바꿀 수 있어.

명심해.

눈치 보지 마.

넌 전사가 아니야.
당연히 영웅도 아니지.

너의 에너지를 아껴.

고정관념은 쓸데없는 껍데기에 불과해.
이제라도 과감하게 깨부숴버리는 거야!

젠장, 또 갇혔네.

알아, 안다고.

하지만 여기서 벗어나기가 쉽지 않아.

너도 그래.

고리타분한 시선, 편견, 편협한 사고에서 갇혀 있어.

부정하지 마.

우리 당장 그것을 찢어버리는 건 어때?

굉장히 성급하구나!
언제나 곧바로 모든 일을 알 수는 없어.
그것이 인생이야.

인내심을 가지고
기다려보자고.

시작할 때의 흥분과
마지막에 차지할 영광만 생각해.

중간에 흐르는 시간 따위는 신경 쓰지 마.
기다림도 달콤하게...
시선을 고정시켜봐.

협상은 할 때마다 새롭지.

늘 이기는 것은 아니지만
지더라도 다음은 언제나 있는 법.

긴장을 즐기면서 기술을 터득하는 거야.
늘 해오던 일이잖아?

그 누구든,
그 어떤 일이든.

쳇, 넌 날 아직 모른다고.

난 과감하지.

절대 망설이지 않아.

어느 땐 행동으로 직접 보여주는 것이
최상의 방법이라는 것.

너만 모를 뿐. 후훗!

힘이 되는 말.

응원하는 동작.

위로의 손길은 아끼지 말아야 해.

그로 인해 얼마나 행복한지 안다면.

"사랑해."

눈 맞춤으로
네 마음의 소리를 들을 수 있다는 거 아니?

그런데 안타깝게 너만 몰라.

내가 할 수 있는 유일한 설명은
문서로 소통하지 말라는 거야.

눈에 거슬리는 서류는 당장 찢어버려.
너도 알잖아.

진정 중요한 게 무엇인지.

드디어 일냈구나!
생각보다 훨씬 일이 커졌어.

오! 이런,
그렇다고 의기소침할 것까진 없잖아.

선택에 후회하지 마.

어쨌든 해봤잖아.
그걸로 된 거야.
방법은 있어.
다만 아직 모를 뿐.

열심히 일만 하지 말고 네 생각에 귀를 기울여봐.
네게는 그것이 더 절실해.

네가 진짜 원하는 거.

살아가는 방법은 많아.
남들보다 뒤처진다고 막무가내로 떼쓰며 버릇없이 구는 시간 앞에서 의연해지자.
그냥 순간순간을 만끽하는 거야.

아주 나답게!
근사한 너답게!

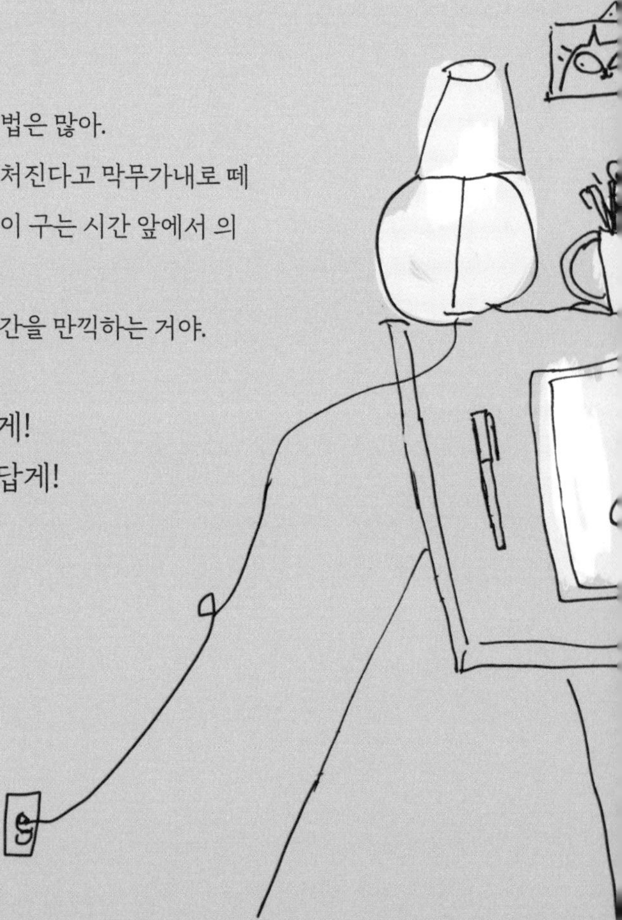

흐음.

성질이 고약하게 생겼군요.

당신이 날 좋아하지 않는다는 건 알겠어요.

하지만 오늘만큼은 당신을 최대한 배려할게요.

내가 당신보다
좀 더 품위 있으니까요.

"이거면 됐어."

"아주 훌륭해!"

"대단히 만족스러워!"

이런 소소한 기쁨을 쌓아봐.

아무리 작은 성과라도
얼마나 만족하느냐에 따라 엄청난 일이야.
싫으면 관둬! 너만 손해지.

눈에 거슬려?
경멸의 표정을 지어봐.

이왕이면 완벽하게!

설마 속마음을
얼굴에 써가지고 다니는 건 아니지?

오, 이런!
너무 어리석게 굴었잖아.
지금부터는 철저하게 포커페이스를 유지해.
절대 너의 카드를 보이지 말란 말이지.
앞에 있는 사람의 포커페이스에 속지도 말고.

한번쯤은 네 이름이 빛나야지?
제대로!

살다보면 말이야,

손들지 않은 네가 답을 말해야 할 때가 있어.

회피하지 마.

답은 네 안에 있어.

어이, 친구. 어깨를 펴!
고개 들고.

당당하지 못할 이유가 없잖아.
꼿꼿하게 걸어보자고.

오늘은 너를 자랑스러워해도 괜찮아.
잘 견뎠잖아.

이봐, 날카로운 내 발톱 보여?
오늘 아침에도 발톱을 갈았다고.
왜냐고?
세상에서 가장 바보 같은 질문이군.

널 긴장시키고 싶으니까.
발톱이 없다면 네가 날 얼마나 만만하게 보겠어.

지금부터는 한곳에 초점을 맞추고 유지해봐.

아니, 아니. 틀렸어.

바로 코앞을 보라는 게 아니라 멀리 보란 말이야.

더 멀리. 그렇지!

어때? 성공한 네가 보이지?

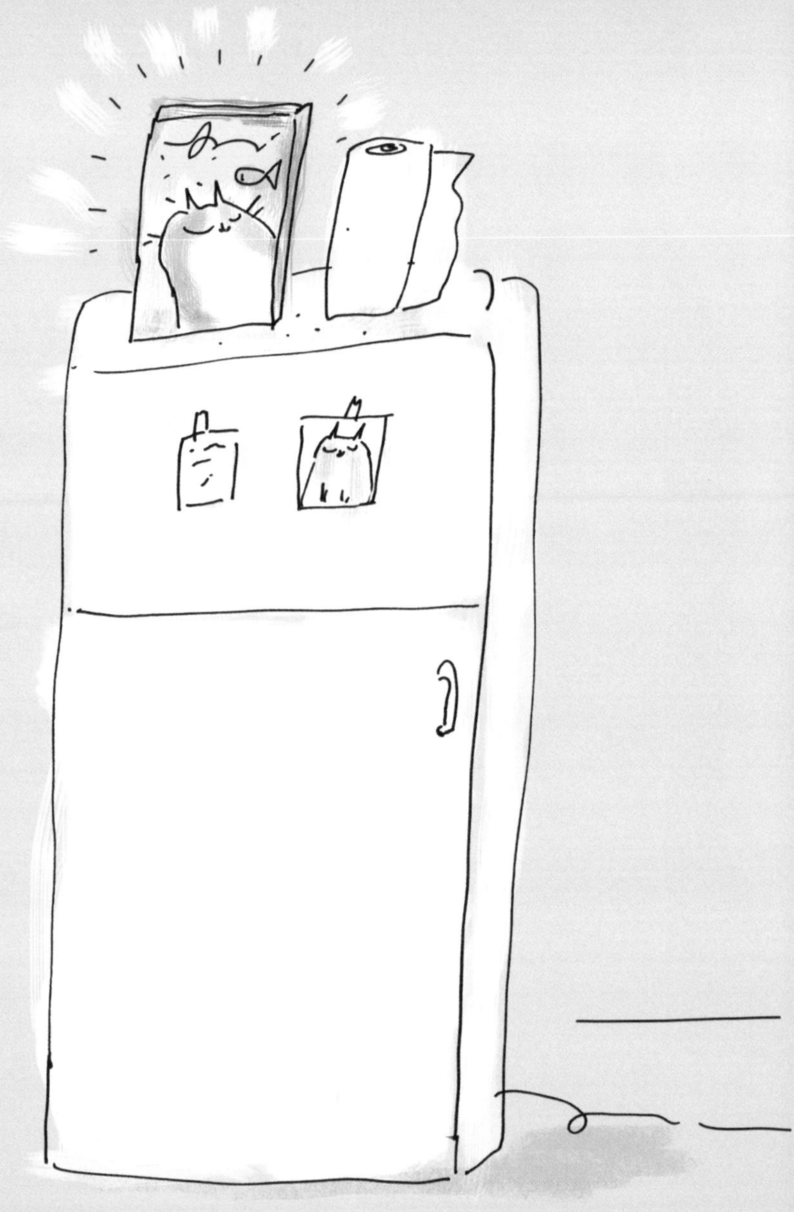

결정했어?

그렇다면 이제 두 손을 들어!
선택은 끝났고 바꿀 수 없어.
이제 네가 할 일이 보이지?
그렇다면 GO!

가망 없어.

절대 안 돼.

너무 높아.

내게 그런 말하는 네가 훨씬 더 나빠.

목표는 높을수록 묘미가 있어.

난 기필코 목표를 이룰 거야. 꼴깍!

잠깐, 아주 골치 아픈 일이 생겼어.
문제를 해결하는 최고의 해결책을 찾아야 해.

우선 낮잠으로 휴식을 취하고.

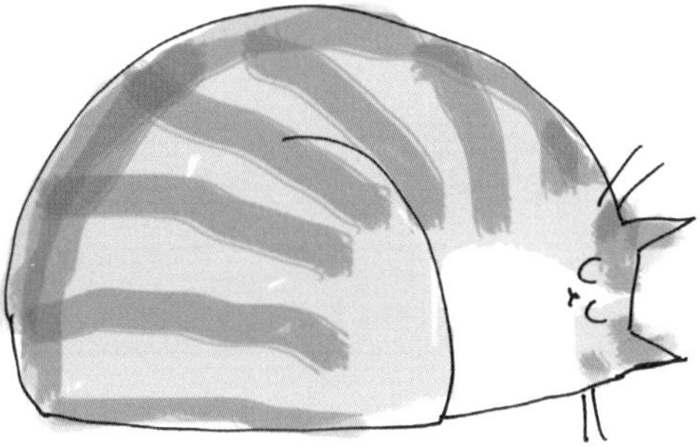

무척 힘들구나.

하지만 널 위해 포기해도 괜찮아.

포기도 용기가 필요하다는 거 알지?

너무 애쓰지 마.

현재를 즐겨.
어설프게 미래 운운하지 말고!

오홋! 편견을 버려.

고양이가 물을 싫어한다고 누가 그래?

새로이 눈을 뜨면 세상이 달라 보여.

난 그걸 누릴 뿐이야!

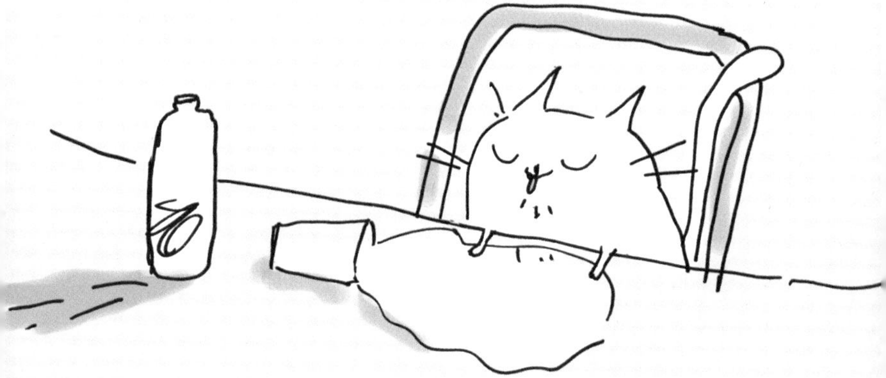

우유 좀 쏟았다고 화내지 마.
전화위복이란 말 알지?
모른다고? 에효, 공부 좀 하렴.
화가 바뀌어 복이 된다는 뜻이야.

그러니까 별거 아닌 일로
속상해하진 마.

난 우유나 먹어야겠어.

친구들 많이 사귀라고 강요하지 마.
내가 꼭 그래야 해?
그게 얼마나 피곤한 일인지 알잖아.

차라리 혼자가 되겠어.
뭐 어때!

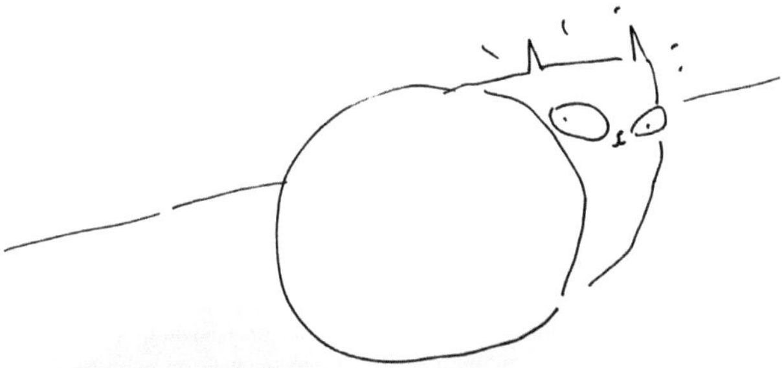

세상일이라는 게 참…
기대처럼 끝나지 않을 때가 있어.

깊이 돌아보는 시간을
가져야 하는 이유지.

내가 백기를 들고 항복할 거라고 기대하지 마!

난, 내 두려움에 맞설 준비가 됐어!

넌 어때?

한심하게 도망치려는 건 아니지?

안절부절 하지 마.

되던 일도 안 되는 수가 있어.
조급함은 냉동고에 쳐 넣어버리고
우리 느긋해지자고.

제발 분홍 깃털 좀 흔들지 마.
내가 그 깃털을 쫓아 뛸 거라고 생각하는 거지?
천만에!

난, 내가 운동하고 싶은 기분이 들 때만
운동할 거야.

나를 길들이려는 건 딱 질색이야.

지금 따분하지?

그렇다면 편안하고 안락한 곳에서 벗어나 봐.
마치 임무를 수행하러 가는 스파이처럼
은밀하게...

앗! 나의 실수.

그런데 넌 뭐하고 있어?
당장 달려와 도와줘야 하는 거 아냐?
뭐? 네 일 아니라고!
모르는 소리.
세상에 개인적인 일은 하나도 없어!

이유를 설명할 수 없지만 공포감은 저절로 생겨나지.
지극히 정상적인 일이야.

하지만 친구야,

공포감이란 놈은
네가 두려워할수록
그 덩치를 두세 배로 불린다는 사실도
꼭 기억해둬.

넌 이미 충분히 가졌어.
그것을 최대한 활용하면 돼.

갈증은 느낄수록 타들어가고
널 목마르게 해.

투덜대지 마.
너만 손해야.
당장 그 물을 마시는 것이 너에게 이로워.
누구나 아는 상식이지.

가장 먼저
너 자신을 돌봐야 해.

이건 매우 중요한 문제야.
그리고 집중해!

누군가를 좋아한다면 들키는 걸 두려워하지 마.
운명이 이어준 거니까.
확신해!

그리고 무엇보다

누군가를 좋아할 수 있는
네 마음이 사랑스러워.

삶은 이따금 황홀해.

야호!

내가 뭐랬어?

그 사람이 올 거라고 했지?

불시에!
불현듯이
느닷없이!

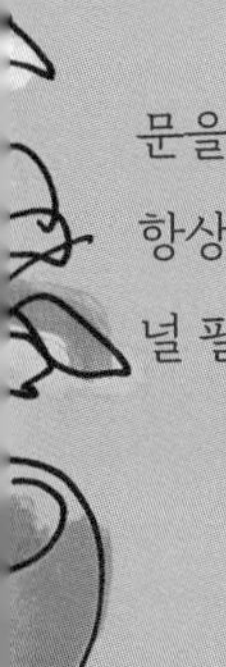

문을 열고 들어올 때는

항상 반갑게 맞아줘.

널 필요로 해서 찾아온 거야.

한 마디 말로 모든 게 달라질 수 있어.
기적을 만들어내기도 하거든.

꾸미려 들지 말고 너 자신으로 있어 줘.
있는 그대로 사랑할 수 있게.

부담스러워 말고
사랑받는 일에 능숙해져야 해.

수수께끼 같던 존재가
이제야 너를 이해하기 시작한 거야.
제대로 누려 봐.

그런데 그 심드렁한 표정은 뭐야?
배불렀구나.

어떻게 항상 너만 보고 있으란 거야?
지긋지긋하게.

뭐? 그게 사랑이라고?
네가 사랑에 대해 모르나본데,

사랑은 집착하지 않는 거야.

애정에 굶주리지 마.
칭얼대지 말라고.

당신이 사랑하는 사람이라면
항상 3미터 정도는 거리를 두는 게 좋아.

이건 내 경험에서 나온 거야.

믿어도 돼.

여자와 고양이의 공통점을 알아?
우리는 항상 행복한 일을 한다는 거야.

맞지?

모르겠다고?

그럼, 고양이로 한 달을 살아보든가.

하하, 미안하지만
남자와 개는 진정하세요.

여자와 고양이가 그러는 것에 익숙해지세요.

너 자신에게 사랑을 고백해봤어?

뭐야? 한 번도 없다고? 오! 가엾어라.
대체 무엇을 위해 사는 거니?

어서 당장 고백해! 당장!
누구보다도 자신을 먼저 사랑해야 하는 법이야.
그래야만 진짜 사랑이 시작되는 거야.

이봐,

사랑이라는 이름으로

내게 무슨 짓을 할 셈이야?

네게 나를 맞추려고 하지 마.

난 내 방법으로 너의 사랑을 받아들일게.

다름을 인정하라고!

있잖아.
너를 받들지 않는 사람이라면 그냥 무시해.

생각보다 별로 어렵지 않아.

그 사람은 생각보다
별 거 아니고.

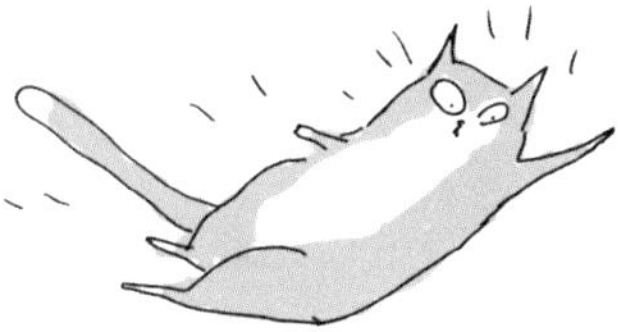

난 다시 뛰어볼까 해.

물론 그 전에 소중한 걸 잃을 염려가 없는지
확인부터 해야지. 꼭!

나의 사전에 '후회'라는 단어가
올라가는 걸 원치 않으니까.

고양이를 사랑하지 않는 사람은 절대 믿지 마.
그건 옛날부터 내려오는 진리야!

우리 여행을 떠나자.
싱그런 풀밭과 신비한 요술 정원이 있는 곳으로.
정글과 사막도 가고 바다도 가자.
바람이 너를 날려 줄지도 몰라.
뭐? 허튼소리 말라고?
흥! 상상도 못 하니?
네가 딱해서 해본 소린데.

나를 가두겠다고?

좀 창의적인 방법을 생각해보지 그래.

누구나 다 아는 방법은 시시하잖아.

그럼 그렇지! 이럴 줄 알았다니까.
된다고 했잖아. 정말 잘 했어.
남들이 말려도 한번쯤 너의 직감을 믿어봐.
너를 가장 걱정하는 건 바로 너니까!

숨바꼭질을 하냐고? 천만에.

그냥 봉투 안이 궁금했을 뿐이야.

너도 일상이 따분하다면

주변에 호기심을 발동시켜봐.

나처럼 앞발로 툭툭 건드려보고

재미없으면 내팽개치면 돼.

못 할 게 뭐야?

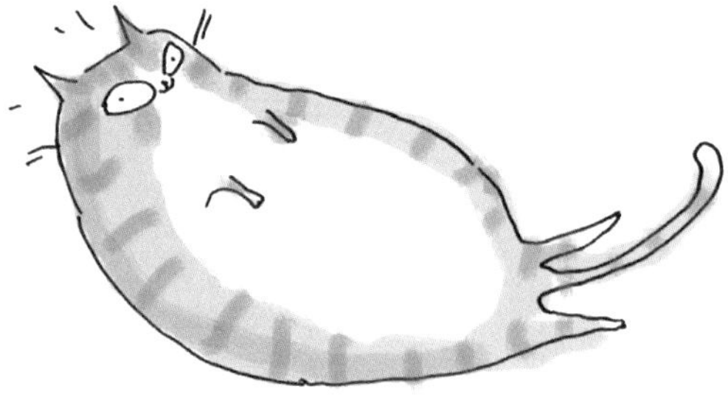

너 자신이 되어 행복을 만끽해봐.
네가 훨씬 근사하게 느껴질 거야.

오지 마!
혼자 있고 싶어.

나 혼자만의 공간이 좋아.

너도 어리석은 변명 따윈 아껴두고 나처럼 해봐.
독립적인 사람으로 거듭나는 거야.

내가 누군지 알고 싶다고?
불러주기만 하면 무조건 오케이 할 것 같다고?
그런 건방진 생각은 집어치우시지.
난 그렇게 호락호락하지 않아.

나를 알려면
네가 좀 더 애를 써야 할 거야.

멋있게 도약하지만
가끔은 보기 좋게 떨어져 버릴지도 몰라.
그렇다고 내가 울 것 같아? 천만에.

다시 하면 돼!

보라고, 친구!
멋지게 다리로 착지!

생각보다 나쁘지만은 않네.
떨어지는 게.

뭐? 너도 떨어지는 중이라고?
그럼 너도 두 다리로 멋지게 착지할 수 있어.
내가 하는 것 봤잖아!
까짓것…….

몰라도 한참 모르는군.

우리가 걷는 길이 평탄하지만은 않아!

너의 한계를 시험해봐.

최소한의 벽이 어디 있는지 알 수 있잖아.
그리고 뛰어넘을까, 발로 차버릴까를 고민해.
뒤돌아도 좋아.
왜, 안 되겠어?

지금 바흐의 무반주 첼로 연주를 들으며
지중해의 따스함이 느껴지는 향기로 나를 감싸고 있어.

난, 매일 이렇게 품위를 유지해.
난 소중하니까!

굉장히 수다스럽군.

마치 분수에서 뿜어져 나오는 물줄기처럼 폭발적이야.

너의 하소연.

할 수 없지.

오늘만큼은 너의 좋은 청취자가 되어줄게.

고개를 끄덕여주는 것만으로도
얼마나 큰 위로가 되는지 아니까.

이 정도쯤이야 괜찮지 않을 까닭이 없지? 거슬린다고?

신경 꺼!

너 알지?
고양이는 아홉 개의 목숨이 있다는 사실.
아홉 번 죽었다 살아난다는 건 아니니까
그렇게 부러운 눈으로 쳐다보지 마.
부담스러워.

다만,
그만큼 위기를 잘 넘긴다는 거야.
너한테 그 능력을 좀 나눠줄게.
난 너그러우니까.

그러니까 너도
그 운을 충분히 활용해봐.

우리 세상을 탐험하러 가자.

이리저리 골목을 누비고
들판의 키 낮은 야생화도 보러 가는 거야.
코끝에 스치는 바람의 향기도 맡아보는 거지.
모든 게 궁금하잖아.

모든 불안과 두려움은 네 마음에서 나왔다는 거 알지?
넌 그만큼 초조해하고 있다는 거야.

친구야, 마음 좀 편하게 먹지 그래.
긴장 좀 늦추라고.

결코 하늘은 무너지지 않거든.

SMEG

하하, 거꾸로 된 세상.

간혹, 다른 관점에서 보는 것도 필요해.

어느 게 정상인지 모르잖아.

최소한,
난 다른 이들의 시선에 얽매이지 않아.

난 나라고!

Hissssss...

참지 마!

참아서 잘 되는 일보다
참지 않고 소신을 말했을 때 해결되는 일이 더 많아.
발끈하는 것이 천 마디 말보다 가치 있다는 걸
꼭 알아둬!

세상엔 흥미로운 게 참 많아.

내가 이것저것 관심이 많은 건 당연하지 않아?
변덕스럽다고 하지 마!
무기력한 것보다 백만 배는 더 나아!

너의 귀여운 매력을 드러내봐.
네 멋대로 해도 용서해줄게.

보면 모르겠니? 나, 사고 쳤어.
살다보면 그럴 수도 있지.

사과를 강요하진 마.
이미 반성하고 있으니까.

어떤 대가를 치르더라도
관심과 이목을 받는 중심이 되는 거야.

방해하지 마.

지금은 내가 책 읽는 시간이야.

잔소리 같지만,

내 인생을 걸고 말하지만,

뭔가 변화를 원한다면
독서만큼 좋은 건 없어.

성질 좀 내지 마.

TV 보는 게 어때서?
잠깐 쉬어간들 안 될 건 또 뭐야?

너도 언제 어디서든
네가 편해지는 방법을 터득해봐.

또 말썽이라니!
절대 아니야!

난 널 즐겁게 해주고 싶었을 뿐이야.
장난 없는 세상이 얼마나 따분하겠니?
그 근엄한 표정 좀 풀고 웃어봐.

넌 웃을 때가 가장 예뻐.

내 뜻을 절대 굽힐 수 없어.
그러니 네가 따라야 할 수밖에.

어허, 접근 금지!
지금은 나만의 시간이야.
눈곱만큼도 방해받고 싶지 않아.

너도 네가 누군지 알고 싶다면,
너만의 시간을 가져봐.

자유롭게.

거절하지 마.
널 위해 준비했어.

내가 남에게 후한 거 알지?

이봐, 그렇게 너무 성급하게 다가오지 마.
당황스럽잖아.

내가 좀 까다롭다는 걸 모르는 거야?
나랑 잘 맞을 것 같아?

난 아무하고나 친구하고 싶진 않아.

나 때문에 너희가 웃을 수 있다면
얼마든지 망가져줄게.

나를 인정해주는 너희 앞이니까.

우리가 서로 다르다는 건 너도 알지?

절대 맞출 수 없는 존재라는 것도?

앙숙이고 서로 잘 되는 꼴을 봐줄 수 없다는 것도?

그렇지만 차라리 가까운 거리를 유지하는 편이 나아.

적의 동태를 살필 수 있잖아. 크크크!

기쁨을 만끽할 수 있다면
무엇을 못 하겠어!

네가 별난 건
세상이 다 아는 사실이야.

제발 받아들여!

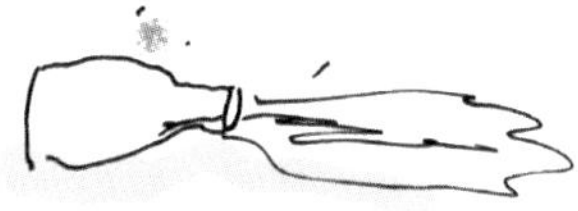

희한한 녀석!

뭐가 그리 신난 건지.

마치 우리를 뛰쳐나온 호랑이처럼 날뛰는구나.

내가 참지.

아이들을 향한 내 인내심은

바다같이 넓고 깊으니까.

아는 사람은 다 안다고.

가족이 함께 식사하는 자리.

이 시간이 얼마나 귀한 시간인지 잘 알지?

잔소리는 절대 금물!

후회 없이 사랑하자고.

좋은 점만 봐.

칭찬만 쏟아내기에도 짧은 시간이야.

크크크. 내 작전이 통했어!

봤어? 그의 시선이 내게 집중된 순간을?

맞아. 난 관심을 받고 싶어서 TV 앞에 앉았어.

너도 그래 봐.

네게 눈길 주지 않는 사람을 원망하지 마.

그의 흥밋거리를 찾아서 그 앞에 턱 나타나는 거야.

어쩌겠어, 그럼 널 볼 수밖에!

울고 싶어?

눈물은 영혼을 치료해줘.

울음을 쏟아내지 않으면

네가 짓눌려서 움직일 수 없게 돼.

그냥 울 수 있을 때 울어.

어찌됐든
항상 너의 집을 지켜야지.

너의 공간을.

내가 좋아할 줄 알았다고?
깜짝 이벤트?
흥, 제멋대로 갖다 붙이는군!
밤새 기다릴 거라고?
마음대로 하시지.
아, 비라도 쏟아지면 좋겠다.

구석구석 어지르고,
엉망진창 난장판을 만드는 게
허락되는 집이라면 날 불러줘.

그곳은 진짜로
행복한 집일 테니까.

생쥐를 두려워하지 마.
단지, 내 일용할 양식일 뿐이야.

강요하지 마.
넌 너고, 난 나야!

이봐, 독불장군처럼 굴지 마.

인정머리 없는 사람 같잖아.

좋은 자리에 있을 때 좀 너그러워져 봐.

따뜻해지는 세상을 위해서.

늘 조심하며 조마조마하게 살았던 것 같다. 나보다는 남을 배려하라고 배웠으니까. 다른 사람들의 시선을 의식하면서 내가 하고 싶은 것을 참아야 한다고 느꼈으니까. 상대가 불편해할까 봐 기분 나빠 할까 봐 하고픈 말도 꾹 참았다. 시간에 쫓기고 일에 치이며 내가 진정으로 하고 싶은 것도 미뤘다. 그렇게 살기 싫었지만 그렇게 안 살 수도 없었다. 뾰쪽한 대안도 없었지만 함께 어울려 살기 위한 미덕으로 알았기 때문이다. 그런 나를 보며 가슴이 답답했던 게 사실이다. 그런데 이 고양이로부터 살아가는 방식을 한 수 배울 줄이야!

몰라도 한참 모르는군.
우리가 걷는 길은 평탄하지만은 않아.

이 책을 번역하면서 시원하고 후련했다. 구구절절 바른 소리를 하며 성인군자처럼 위로하려 들었다면 아무리 좋은 말이라도 흘려보냈을 것이다. 그러나 몹시 도도하고 영악한 고양이가 툭툭 내뱉

는 말에 정신이 바짝 들었다. 가장 나답게 살라는 것이다. 앙큼하게도!

만만하게 보이지 않기 위해 내 발톱을 갈아도 되고, 현재를 바꾸기 위해 목소리를 크게 내라고 한다. 생애 최고의 날인 오늘을 그냥 보내지 말며, 하늘이 무너지지 않으니 초조해하지 말라고 했다.

이봐, 친구
햇빛에 흠뻑 젖어봐.
충전하듯이.
오늘의 찬란한 햇빛이 널 위해 떴다는 사실.
설마 모르는 것 아니지?

이 고양이를 사랑할 수밖에 없다. 이기적으로 행복을 누리면서도 현명하게 대처할 수 있게 알려주었다. 더불어 나의 자존감을 한껏 높여주었다. 그래서 오늘부로 이 고양이와 같이 살기로 했다. 빛나는 내 이름으로 한 번쯤 살아보기 위하여!

고양이는 세상 모두가 자기를 사랑해주길 원하지 않는다.
다만 자기가 선택한 사람이 자기를 사랑해주길 바랄 뿐이다.

헬렌 톰슨